Kassenbuch

von:

____

Für den Zeitraum:

von: __________________

bis: __________________

Inhaltsverzeichnis

Beleg Nr.:	Datum:	Bemerkung:	Einnahme:	Ausgabe:
		Summe / Übertrag:		

Beleg Nr.:	Datum:	Bemerkung:	Einnahme:	Ausgabe:
		Summe / Übertrag:		

Beleg Nr.:	Datum:	Bemerkung:	Einnahme:	Ausgabe:
		Summe / Übertrag:		

Beleg Nr.:	Datum:	Bemerkung:	Einnahme:	Ausgabe:
		Summe / Übertrag:		

Beleg Nr.:	Datum:	Bemerkung:	Einnahme:	Ausgabe:
		Summe / Übertrag:		

Beleg Nr.:	Datum:	Bemerkung:	Einnahme:	Ausgabe:
		Summe / Übertrag:		

Beleg Nr.:	Datum:	Bemerkung:	Einnahme:	Ausgabe:
		Summe / Übertrag:		

Beleg Nr.:	Datum:	Bemerkung:	Einnahme:	Ausgabe:
		Summe / Übertrag:		

Beleg Nr.:	Datum:	Bemerkung:	Einnahme:	Ausgabe:
		Summe / Übertrag:		

Beleg Nr.:	Datum:	Bemerkung:	Einnahme:	Ausgabe:
		Summe / Übertrag:		

Beleg Nr.:	Datum:	Bemerkung:	Einnahme:	Ausgabe:
		Summe / Übertrag:		

Beleg Nr.:	Datum:	Bemerkung:	Einnahme:	Ausgabe:
		Summe / Übertrag:		

Beleg Nr.:	Datum:	Bemerkung:	Einnahme:	Ausgabe:
		Summe / Übertrag:		

Beleg Nr.:	Datum:	Bemerkung:	Einnahme:	Ausgabe:
		Summe / Übertrag:		

Beleg Nr.:	Datum:	Bemerkung:	Einnahme:	Ausgabe:
		Summe / Übertrag:		

Beleg Nr.:	Datum:	Bemerkung:	Einnahme:	Ausgabe:
		Summe / Übertrag:		

Beleg Nr.:	Datum:	Bemerkung:	Einnahme:	Ausgabe:
		Summe / Übertrag:		

Beleg Nr.:	Datum:	Bemerkung:	Einnahme:	Ausgabe:
		Summe / Übertrag:		

Beleg Nr.:	Datum:	Bemerkung:	Einnahme:	Ausgabe:
		Summe / Übertrag:		

Beleg Nr.:	Datum:	Bemerkung:	Einnahme:	Ausgabe:
		Summe / Übertrag:		

Beleg Nr.:	Datum:	Bemerkung:	Einnahme:	Ausgabe:
		Summe / Übertrag:		

Beleg Nr.:	Datum:	Bemerkung:	Einnahme:	Ausgabe:
		Summe / Übertrag:		

Beleg Nr.:	Datum:	Bemerkung:	Einnahme:	Ausgabe:
		Summe / Übertrag:		

Beleg Nr.:	Datum:	Bemerkung:	Einnahme:	Ausgabe:
		Summe / Übertrag:		

Beleg Nr.:	Datum:	Bemerkung:	Einnahme:	Ausgabe:
		Summe / Übertrag:		

Beleg Nr.:	Datum:	Bemerkung:	Einnahme:	Ausgabe:
		Summe / Übertrag:		

Beleg Nr.:	Datum:	Bemerkung:	Einnahme:	Ausgabe:
		Summe / Übertrag:		

Beleg Nr.:	Datum:	Bemerkung:	Einnahme:	Ausgabe:
		Summe / Übertrag:		

Beleg Nr.:	Datum:	Bemerkung:	Einnahme:	Ausgabe:
		Summe / Übertrag:		

Beleg Nr.:	Datum:	Bemerkung:	Einnahme:	Ausgabe:
		Summe / Übertrag:		

Beleg Nr.:	Datum:	Bemerkung:	Einnahme:	Ausgabe:
		Summe / Übertrag:		

Beleg Nr.:	Datum:	Bemerkung:	Einnahme:	Ausgabe:
		Summe / Übertrag:		

Beleg Nr.:	Datum:	Bemerkung:	Einnahme:	Ausgabe:
		Summe / Übertrag:		

Beleg Nr.:	Datum:	Bemerkung:	Einnahme:	Ausgabe:
		Summe / Übertrag:		

Beleg Nr.:	Datum:	Bemerkung:	Einnahme:	Ausgabe:
		Summe / Übertrag:		

Beleg Nr.:	Datum:	Bemerkung:	Einnahme:	Ausgabe:
		Summe / Übertrag:		

Beleg Nr.:	Datum:	Bemerkung:	Einnahme:	Ausgabe:
		Summe / Übertrag:		

Beleg Nr.:	Datum:	Bemerkung:	Einnahme:	Ausgabe:
		Summe / Übertrag:		

Beleg Nr.:	Datum:	Bemerkung:	Einnahme:	Ausgabe:
		Summe / Übertrag:		

Beleg Nr.:	Datum:	Bemerkung:	Einnahme:	Ausgabe:
		Summe / Übertrag:		

Beleg Nr.:	Datum:	Bemerkung:	Einnahme:	Ausgabe:
		Summe / Übertrag:		

Beleg Nr.:	Datum:	Bemerkung:	Einnahme:	Ausgabe:
		Summe / Übertrag:		

Beleg Nr.:	Datum:	Bemerkung:	Einnahme:	Ausgabe:
		Summe / Übertrag:		

Beleg Nr.:	Datum:	Bemerkung:	Einnahme:	Ausgabe:
		Summe / Übertrag:		

Beleg Nr.:	Datum:	Bemerkung:	Einnahme:	Ausgabe:
		Summe / Übertrag:		

Beleg Nr.:	Datum:	Bemerkung:	Einnahme:	Ausgabe:
		Summe / Übertrag:		

Beleg Nr.:	Datum:	Bemerkung:	Einnahme:	Ausgabe:
		Summe / Übertrag:		

Beleg Nr.:	Datum:	Bemerkung:	Einnahme:	Ausgabe:
		Summe / Übertrag:		

Beleg Nr.:	Datum:	Bemerkung:	Einnahme:	Ausgabe:
		Summe / Übertrag:		

Beleg Nr.:	Datum:	Bemerkung:	Einnahme:	Ausgabe:
		Summe / Übertrag:		

Beleg Nr.:	Datum:	Bemerkung:	Einnahme:	Ausgabe:
		Summe / Übertrag:		

Beleg Nr.:	Datum:	Bemerkung:	Einnahme:	Ausgabe:
		Summe / Übertrag:		

Beleg Nr.:	Datum:	Bemerkung:	Einnahme:	Ausgabe:
		Summe / Übertrag:		

Beleg Nr.:	Datum:	Bemerkung:	Einnahme:	Ausgabe:
		Summe / Übertrag:		

Beleg Nr.:	Datum:	Bemerkung:	Einnahme:	Ausgabe:
		Summe / Übertrag:		

Beleg Nr.:	Datum:	Bemerkung:	Einnahme:	Ausgabe:
		Summe / Übertrag:		

Beleg Nr.:	Datum:	Bemerkung:	Einnahme:	Ausgabe:
		Summe / Übertrag:		

Beleg Nr.:	Datum:	Bemerkung:	Einnahme:	Ausgabe:
		Summe / Übertrag:		

Beleg Nr.:	Datum:	Bemerkung:	Einnahme:	Ausgabe:
		Summe / Übertrag:		

Beleg Nr.:	Datum:	Bemerkung:	Einnahme:	Ausgabe:
		Summe / Übertrag:		

Beleg Nr.:	Datum:	Bemerkung:	Einnahme:	Ausgabe:
		Summe / Übertrag:		

Beleg Nr.:	Datum:	Bemerkung:	Einnahme:	Ausgabe:
		Summe / Übertrag:		

Beleg Nr.:	Datum:	Bemerkung:	Einnahme:	Ausgabe:
		Summe / Übertrag:		

Beleg Nr.:	Datum:	Bemerkung:	Einnahme:	Ausgabe:
		Summe / Übertrag:		

Beleg Nr.:	Datum:	Bemerkung:	Einnahme:	Ausgabe:
		Summe / Übertrag:		

Beleg Nr.:	Datum:	Bemerkung:	Einnahme:	Ausgabe:
		Summe / Übertrag:		

Beleg Nr.:	Datum:	Bemerkung:	Einnahme:	Ausgabe:
		Summe / Übertrag:		

Beleg Nr.:	Datum:	Bemerkung:	Einnahme:	Ausgabe:
		Summe / Übertrag:		

Beleg Nr.:	Datum:	Bemerkung:	Einnahme:	Ausgabe:
		Summe / Übertrag:		

Beleg Nr.:	Datum:	Bemerkung:	Einnahme:	Ausgabe:
		Summe / Übertrag:		

Beleg Nr.:	Datum:	Bemerkung:	Einnahme:	Ausgabe:
		Summe / Übertrag:		

Beleg Nr.:	Datum:	Bemerkung:	Einnahme:	Ausgabe:
		Summe / Übertrag:		

Beleg Nr.:	Datum:	Bemerkung:	Einnahme:	Ausgabe:
		Summe / Übertrag:		

Beleg Nr.:	Datum:	Bemerkung:	Einnahme:	Ausgabe:
		Summe / Übertrag:		

Beleg Nr.:	Datum:	Bemerkung:	Einnahme:	Ausgabe:
		Summe / Übertrag:		

Beleg Nr.:	Datum:	Bemerkung:	Einnahme:	Ausgabe:
		Summe / Übertrag:		

Beleg Nr.:	Datum:	Bemerkung:	Einnahme:	Ausgabe:
		Summe / Übertrag:		

Beleg Nr.:	Datum:	Bemerkung:	Einnahme:	Ausgabe:
		Summe / Übertrag:		

Beleg Nr.:	Datum:	Bemerkung:	Einnahme:	Ausgabe:
		Summe / Übertrag:		

Beleg Nr.:	Datum:	Bemerkung:	Einnahme:	Ausgabe:
		Summe / Übertrag:		

Beleg Nr.:	Datum:	Bemerkung:	Einnahme:	Ausgabe:
		Summe / Übertrag:		

Beleg Nr.:	Datum:	Bemerkung:	Einnahme:	Ausgabe:
		Summe / Übertrag:		

Beleg Nr.:	Datum:	Bemerkung:	Einnahme:	Ausgabe:
		Summe / Übertrag:		

Beleg Nr.:	Datum:	Bemerkung:	Einnahme:	Ausgabe:
		Summe / Übertrag:		

Beleg Nr.:	Datum:	Bemerkung:	Einnahme:	Ausgabe:
		Summe / Übertrag:		

Beleg Nr.:	Datum:	Bemerkung:	Einnahme:	Ausgabe:
		Summe / Übertrag:		

Beleg Nr.:	Datum:	Bemerkung:	Einnahme:	Ausgabe:
		Summe / Übertrag:		

Beleg Nr.:	Datum:	Bemerkung:	Einnahme:	Ausgabe:
		Summe / Übertrag:		

Beleg Nr.:	Datum:	Bemerkung:	Einnahme:	Ausgabe:
		Summe / Übertrag:		

Beleg Nr.:	Datum:	Bemerkung:	Einnahme:	Ausgabe:
		Summe / Übertrag:		

Beleg Nr.:	Datum:	Bemerkung:	Einnahme:	Ausgabe:
		Summe / Übertrag:		

Beleg Nr.:	Datum:	Bemerkung:	Einnahme:	Ausgabe:
		Summe / Übertrag:		

Beleg Nr.:	Datum:	Bemerkung:	Einnahme:	Ausgabe:
		Summe / Übertrag:		

Beleg Nr.:	Datum:	Bemerkung:	Einnahme:	Ausgabe:
		Summe / Übertrag:		

Beleg Nr.:	Datum:	Bemerkung:	Einnahme:	Ausgabe:
		Summe / Übertrag:		

Beleg Nr.:	Datum:	Bemerkung:	Einnahme:	Ausgabe:
		Summe / Übertrag:		

Beleg Nr.:	Datum:	Bemerkung:	Einnahme:	Ausgabe:
		Summe / Übertrag:		

Beleg Nr.:	Datum:	Bemerkung:	Einnahme:	Ausgabe:
		Summe / Übertrag:		

Beleg Nr.:	Datum:	Bemerkung:	Einnahme:	Ausgabe:
		Summe / Übertrag:		

Beleg Nr.:	Datum:	Bemerkung:	Einnahme:	Ausgabe:
		Summe / Übertrag:		

Beleg Nr.:	Datum:	Bemerkung:	Einnahme:	Ausgabe:
		Summe / Übertrag:		

Beleg Nr.:	Datum:	Bemerkung:	Einnahme:	Ausgabe:
		Summe / Übertrag:		

Beleg Nr.:	Datum:	Bemerkung:	Einnahme:	Ausgabe:
		Summe / Übertrag:		

Beleg Nr.:	Datum:	Bemerkung:	Einnahme:	Ausgabe:
		Summe / Übertrag:		

Beleg Nr.:	Datum:	Bemerkung:	Einnahme:	Ausgabe:
		Summe / Übertrag:		

Beleg Nr.:	Datum:	Bemerkung:	Einnahme:	Ausgabe:
		Summe / Übertrag:		

Beleg Nr.:	Datum:	Bemerkung:	Einnahme:	Ausgabe:
		Summe / Übertrag:		

Beleg Nr.:	Datum:	Bemerkung:	Einnahme:	Ausgabe:
		Summe / Übertrag:		

Beleg Nr.:	Datum:	Bemerkung:	Einnahme:	Ausgabe:
		Summe / Übertrag:		

Beleg Nr.:	Datum:	Bemerkung:	Einnahme:	Ausgabe:
		Summe / Übertrag:		

Beleg Nr.:	Datum:	Bemerkung:	Einnahme:	Ausgabe:
		Summe / Übertrag:		

Beleg Nr.:	Datum:	Bemerkung:	Einnahme:	Ausgabe:
		Summe / Übertrag:		

Beleg Nr.:	Datum:	Bemerkung:	Einnahme:	Ausgabe:
		Summe / Übertrag:		

Beleg Nr.:	Datum:	Bemerkung:	Einnahme:	Ausgabe:
		Summe / Übertrag:		

Beleg Nr.:	Datum:	Bemerkung:	Einnahme:	Ausgabe:
		Summe / Übertrag:		

ISBN: 9781075470073

Kontakt Keppeler Markus, Aichbaindt 5, 87487 Wiggensbach